Michael Gerhardy

GRILLEN MIT DEM BEEFER

Michael Gerhardy

GRILLEN MIT DEM BEEFER

Die besten BBQ-Rezepte
für den Oberhitzegrill

riva

Inhalt

VORSPEISEN UND BEILAGEN

HAUPTGERICHTE

DESSERTS

Vorwort

Liebe Grillbegeisterte,

als leidenschaftlicher Griller freut es mich außerordentlich, ein Buch mit Rezepten für den Beefer präsentieren zu dürfen.

Grillen ist für mich mehr als nur das Zubereiten von Speisen. Und dazu gehören natürlich auch der technische Aspekt und die Geräte, die zur Zubereitung verwendet werden. Eine äußerst interessante und innovative Art bietet hier der Star dieses Buches – der Oberhitzegrill. Mit seiner intensiven Hitze und der präzisen Steuerung eröffnet er ungeahnte Möglichkeiten, um das Beste aus den verwendeten Zutaten herauszuholen.

In diesem Buch werden Sie eine Vielzahl von Rezepten finden, die eigens für den Oberhitzegrill entwickelt oder angepasst wurden. Von saftigen Steaks über zartes Gemüse bis hin zu delikaten Meeresfrüchten, hier ist für jeden Geschmack etwas dabei. Lassen Sie sich inspirieren und inspirieren Sie damit auch andere Grillfreund*innen.

Ich hoffe, dass dieses Buch Ihre Begeisterung für das Grillen mit dem Oberhitzegrill weckt und vielleicht auch dazu anregt, eigene kulinarischen Köstlichkeiten zu schaffen. Die Möglichkeiten dazu sind vielfältig und bieten ein Menge Grillspaß.

Guten Appetit und viel Freude beim Grillen!

Michael Gerhardy

Grillen mit dem Beefer

Über Jahre hinweg benutzte man im Grillbereich die »klassischen« Geräte wie zum Beispiel Kugelgrills, Smoker oder Gasgrill, vielleicht als Besonderheit auch mal einen Keramikgrill oder eine Feuerplatte. Das Prinzip dahinter ist aber immer gleich – im unteren Bereich hat man eine Hitzequelle, bestehend aus Holz, Kohle oder Gas, und darüber einen Grillrost oder eine wärmeleitende Platte.

Beim Oberhitzegrill wurde dieses Konzept im wahrsten Sinne des Wortes auf den Kopf gestellt. Die Hitzequelle erhitzt bei dieser innovativen Grillbauart das Gargut, wie der Name es schon vermuten lässt, von oben. Aber das ist nicht der einzige Unterschied.

Aufbau und Funktionsweise

In der Regel ähnelt der Grill einer kompakten Metallbox (T 32 x B 25,2 x H 36,7 cm), die von vorn offen ist und mehrere Schienen besitzt, um den Abstand zwischen Hitzequelle und Grillgut zu variieren. Im Gegensatz zu den herkömmlichen Grills, bei denen man kaum über 300 °C kommt, erzeugen die Infrarot-Brenner über dem Grillgut eine extrem hohe Temperatur von 800 °C und mehr. Dies führt zu einer besonders intensiven und gleichmäßigen Hitzeverteilung, die zu perfekt gegrillten Speisen führt. Allerdings sollten Sie aufgrund der Temperaturen auf etwas Sicherheitsabstand zu den Seiten des Grills achten.

Diese hohe Temperatur sorgt dafür, dass Fleisch außen eine knusprige Kruste und intensive Geschmacksnoten bildet, während es im Inneren saftig und zart bleibt. Diese perfekte Kruste entsteht durch die sogenannte Maillard-Reaktion, das heißt, bei erhöhten Temperaturen verbinden sich Zucker und Aminogruppen und sind für die charakteristische braune Farbe, den Geschmack und das Aroma von gegrillten Lebensmitteln verantwortlich. Durch die kurze Garzeit wird außerdem vermieden, dass die Fleischfasern austrocknen.

Ein weiterer Vorteil des Oberhitzegrills ist die Möglichkeit der individuellen Hitzeregulierung. Je nach gewünschtem Garzustand und Grillgut kann die Intensität der Grilltemperatur eingestellt und über die unterschiedlichen Einschübe der Abstand von Grillgut zu Brenner geändert werden. Bei einigen hochpreisigen Modellen kann dies auch stufenlos über einen Hebel erfolgen.

Da die Temperatur von oben nach unten abnimmt, erhält man ein Temperaturgefälle von 800 °C (direkt oben) bis 200 °C (im unteren Bereich). Dadurch ist es möglich, sowohl Steaks und Burger mit einer kräftigen Kruste zuzubereiten als auch Fisch oder Gemüse schonend zu grillen.

Zusätzlich verfügen viele Oberhitzegrills über eine Auffangschale, die Fett und Fleischsäfte auffängt. Da die Hitzequelle über dem Grillgut platziert ist, kann das heruntertropfende Fett, Marinade oder Öl nicht in die Brenner gelangen und unerwünschte Rauchentwicklung oder einen Fettbrand verursachen.

Tauscht man die Auffangschale gegen einen passenden Pizzastein aus, ist sogar die Zubereitung von knusprigen Pizzen oder Flammkuchen kein Problem für den Oberhitzegrill.

Zeitersparnis

Der Oberhitzegrill eignet sich perfekt zum spontanen Grillen. Es muss kein Holz oder keine Kohle angefacht werden: einfach den Grill aufstellen, je nach Variante eine Gasflasche montieren oder die Steckdose benutzen – und schon ist man bereit.

Wie schon erwähnt, arbeitet der Oberhitzegrill auf kompaktem Raum mit hohen Temperaturen. Dadurch entfällt die lange Aufheizzeit, und die Speisen werden auch nur kurz der intensiven Hitze ausgesetzt – das garantiert eine schnelle Zubereitung.

Da kein Fett oder Ähnliches in die Brenner tropfen kann, entfällt auch das intensive Reinigen oder ein Freibrennen wie bei klassischen Grills. Lediglich der Rost, auf dem das Grillgut liegt, oder eine Gastroschale, in der die Zutaten gegrillt wurden, müssen am Ende der Grillsession gesäubert werden und passen aufgrund der Maße auch meist in die Spülmaschine. Den Grill selbst kann man, nachdem er abgekühlt ist, einfach mit Wasser und einem Lappen abwaschen.

Zusammenfassend lässt sich sagen, dass man mit dem Oberhitzegrill eine neue Facette im Bereich »Grillen« aufbieten kann und aufgrund der Eigenschaften – im Wesentlichen die hohe Temperatur – nicht nur perfektes Fleisch, wie Burger und Würstchen, sondern auch Gemüse, Fisch und sogar Desserts zubereiten kann.

Und damit Sie ihren Oberhitzegrill perfekt in Szene setzen können, finden Sie in diesem Buch 40 leckere Rezepte, die den nächsten Grillabend zum vollen Erfolg werden lassen.

VORSPEISEN UND BEILAGEN

GEFÜLLTE SPITZPAPRIKA

ZUBEREITUNGSZEIT:
10 MINUTEN VORBEREITUNG • 5 MINUTEN GRILLEN

ZUTATEN FÜR 4 PERSONEN:

- 1 Pck. Feta-Käse
- 2 EL schwarze Oliven
- 3 TL Kapern
- ½ TL Piment d'Espelete
- ½ TL edelsüßes Paprikapulver
- 1 Prise Salz
- 2 Spitzpaprika
- etwas Olivenöl

1. Den Feta in einer Schüssel zerbröseln. Die Oliven in Scheiben schneiden und mit den Kapern zu dem Feta geben. Die Masse mit Piment d'Espelete, Paprikapulver und Salz abschmecken.
2. Die Spitzpaprikaschoten halbieren und entkernen. Innen mit etwas Olivenöl beträufeln und salzen.
3. Die Spitzpaprika auf mittlerer Stufe unter dem Oberhitzegrill ca. 1 Minute angrillen und herausnehmen. Die Feta-Masse in die Paprikaschoten geben und im Grill goldbraun gratinieren.

BRUSCHETTA

ZUBEREITUNGSZEIT:
10 MINUTEN VORBEREITUNG • 2 MINUTEN ZUBEREITUNG

ZUTATEN FÜR 4 PERSONEN:

- 4 reife Tomaten
- 3 Knoblauchzehen
- 1 Bund frisches Basilikum
- 3 EL Olivenöl plus etwas mehr zum Bestreichen
- Salz und Pfeffer nach Geschmack
- 4 Scheiben rustikales Bauernbrot
- etwas dunkle Balsamico-Creme

1. Den Oberhitzegrill vorheizen und auf hohe Hitze einstellen. Die Tomaten waschen und in kleine Würfel schneiden. Die Tomatenstücke in eine Schüssel geben. 2 Knoblauchzehen schälen und fein hacken. Das Basilikum ebenfalls fein hacken. Knoblauch und Basilikum zu den Tomaten geben.
2. Das Olivenöl zu den Tomaten geben und alles gut durchmischen. Mit Salz und Pfeffer abschmecken.
3. Die Brotscheiben mit Olivenöl bestreichen und für ca. 30 Sekunden pro Seite grillen, bis sie knusprig sind.
4. Die gegrillten Brotscheiben auf einen Teller oder Platte legen und mit einer geschälten Knoblauchzehe einreiben. Danach reichlich Tomatenmischung auf die Brotscheiben geben. Zum Abschluss etwas Balsamico-Creme darübergeben.

BRATWURSTSALAT

ZUBEREITUNGSZEIT:
15 MINUTEN VORBEREITUNG • 10 MINUTEN ZUBEREITUNG

ZUTATEN FÜR 4 PERSONEN:

- 4 Bratwürste
- 2 rote Paprikaschoten
- 1 gelbe Paprikaschote
- 1 Zwiebel
- 4 EL Olivenöl
- 200 g Kirschtomaten
- 100 g Feta-Käse
- 200 g Rucola
- 2 EL Balsamicoessig
- Salz und Pfeffer nach Geschmack

1. Den Grill vorheizen und die Bratwürste leicht einschneiden. Die Bratwürste auf mittlerer Schiene grillen, bis sie außen schön braun und gut durchgegart sind. Öfter mal umdrehen. Anschließend beiseitestellen, etwas abkühlen lassen und in Scheiben schneiden.
2. Die Paprikaschoten entkernen und in Streifen schneiden. Die Zwiebel schälen und in dünne Streifen schneiden. Die Paprika- und Zwiebelstreifen in eine Gastroschale geben und mit 1 EL Olivenöl vermischen. Danach auf mittlerer Schiene etwas angrillen.
3. Die Kirschtomaten halbieren und den Feta-Käse grob zerbröckeln. Rucola waschen und abtropfen lassen.
4. In einer großen Salatschüssel das restliche Olivenöl und den Balsamicoessig vermischen. Mit Salz und Pfeffer würzen.
5. Die vorbereiteten Zutaten in die Schüssel geben und vorsichtig vermengen.
6. Den Bratwurstsalat für etwa 10–15 Minuten ziehen lassen, damit sich die Aromen gut entfalten können.

GRATINIERTE CHAMPIGNONS

ZUBEREITUNGSZEIT:
15 MINUTEN VORBEREITUNG • 3 MINUTEN ZUBEREITUNG

ZUTATEN FÜR 4 PERSONEN:

- 500 g große Champignons
- 200 g Frischkäse
- 2 Knoblauchzehen, fein gehackt
- 4 getrocknete Tomaten, gehackt
- 2 EL frische Kräuter (z. B. Petersilie, Schnittlauch oder Basilikum), gehackt
- 2 EL geriebener Parmesan
- Salz und Pfeffer nach Geschmack

1. Die Champignons gründlich putzen und die Stiele entfernen.
2. In einer Schüssel den Frischkäse, den Knoblauch, Tomaten, Kräuter, Parmesan, Salz und Pfeffer vermischen. Die Champignonkappen mit der Frischkäsefüllung füllen.
3. Den Oberhitzegrill aufheizen und die gefüllten Pilze 3 Minuten bei mittlerer Hitze auf unterster Schiene gratinieren.

BROKKOLITALER

ZUBEREITUNGSZEIT:
15 MINUTEN VORBEREITUNG • 2 MINUTEN GRILLEN

ZUTATEN FÜR 4 PERSONEN:

- 1 Brokkoli
- 2 EL Olivenöl
- Parmesan zum Bestreuen
- Salzflocken zum Bestreuen
- Chiliflocken nach Geschmack

1. Ein Topf mit Wasser füllen und zum Kochen bringen. In der Zwischenzeit den Brokkoli in mittelgroße Röschen brechen. In den Topf geben und für 2–3 Minuten kochen. Die Brokkoliröschen abschütten, trocken tupfen und auf einem Blech oder der Arbeitsplatte verteilen. Die Röschen mit der Unterseite eines Glases oder kleinen Topfes platt drücken.
2. Den Brokkoli mit Olivenöl bepinseln und auf das Grillgitter legen. Die Taler auf der mittleren Schiene für maximal 60 Sekunden grillen. Dann umdrehen, nochmals mit Olivenöl einpinseln und die zweite Seite angrillen.
3. Die Taler auf einen Teller geben und mit Parmesan, Salzflocken und (wer es scharf mag) mit Chiliflocken bestreuen.

ZUCCHINI-HALLOUMI-SPIESSE

ZUBEREITUNGSZEIT:
15 MINUTEN VORBEREITUNG • 5 MINUTEN GRILLEN

ZUTATEN FÜR
4 PERSONEN:

1 Zucchini
Salz
1 Pck. Halloumi
1 Knoblauchzehe
4 EL Olivenöl
¼ TL Chiliflocken

Hilfsmittel:

Sparschäler
gewässerte Holzspieße oder Metallspieße

1. Die Zucchini mit dem Sparschäler in dünne Streifen hobeln. Danach die Zucchinistreifen in einen Teller legen und mit Salz bestreuen, damit die Streifen entwässern.
2. Den Halloumi in der Zeit in mundgerechte Würfel schneiden. Die Knoblauchzehe schälen, pressen und mit dem Olivenöl und den Chiliflocken verrühren.
3. Die Zucchinistreifen und die Halloumi-Würfel abwechselnd auf die Spieße stecken. Dabei die Zucchinistreifen wie eine Ziehharmonika falten.
4. Die Spieße mit der Olivenöl-Mischung bepinseln und von jeder Seite kurz angrillen, bis der Halloumi angebräunt ist. Zum Schluss nochmals mit etwas von der Olivenölmischung bepinseln.

GEGRILLTER FETA

ZUBEREITUNGSZEIT:
10 MINUTEN VORBEREITUNG • 5 MINUTEN GRILLEN

ZUTATEN FÜR 2 PERSONEN:

- 2 Pck. Feta
- 10 Cocktailtomaten
- 6 Peperonischoten
- 1 TL getrockneter Thymian
- 1 TL getrockneter Oregano
- Salz und Pfeffer
- 100 ml Olivenöl
- Zitronenabrieb

1. Feta in die Grillschale legen. Cocktailtomaten halbieren, die Peperoni in kleine Ringe schneiden und beides neben den Feta verteilen. Thymian und Oregano darüberstreuen und mit etwas Salz und Pfeffer würzen. Anschließend mit dem Olivenöl übergießen.
2. Den Feta im unteren Bereich bei mittlerer Hitze für 5–6 Minuten grillen.
3. Vor dem Servieren etwas Zitronenabrieb darüberstreuen.

KNUSPRIGE BRATKARTOFFELN

ZUBEREITUNGSZEIT:
10 MINUTEN VORBEREITUNG • 10 MINUTEN GRILLEN

ZUTATEN FÜR 2-4 PERSONEN:

- 150 g Bacon
- 600 g festkochende Kartoffeln (vorgekocht vom Vortag)
- 1 Zwiebel
- 2 EL Rapsöl
- 1 TL Salz
- ½ TL schwarzer Pfeffer
- ½ TL rosenscharfes Paprikapulver
- ½ TL Knoblauchpulver
- 1 Handvoll glatte Petersilie (optional)

1. Den Oberhitzegrill aufheizen. Den Bacon in einer Gastroschale auf mittler Schiene für ca. 1 Minute knusprig braten. Den gebratenen Bacon herausnehmen und grob zerhacken.
2. Die Kartoffeln in gleich große Stücke oder Scheiben schneiden. Danach die Zwiebel schälen und in mittelgroße Würfel schneiden. Kartoffeln und Zwiebeln in eine Schüssel geben, Rapsöl und Gewürze dazugeben und alles gut vermischen.
3. Kartoffeln und Zwiebeln in eine Gastroschale geben und im Oberhitzegrill auf mittlerer Schiene für 10 Minuten knusprig braten. Zwischendurch immer mal umrühren.
4. Wenn die Kartoffeln goldbraun sind, den Bacon dazugeben und durchmischen.
5. Zur Garnierung nach Belieben Petersilie grob hacken und über die Bratkartoffeln streuen.

AVOCADO MIT TOMATENSALSA

ZUBEREITUNGSZEIT:
15 MINUTEN VORBEREITUNG • 5 MINUTEN GRILLEN

ZUTATEN FÜR 4 PERSONEN:

- 4 reife Tomaten
- 1 kleine Zwiebel
- 1 Jalapeñoschote
- 1 Knoblauchzehe
- Saft von 1 Limette
- frische Korianderblätter
- Salz nach Geschmack
- 2 Avocados
- 1 EL Olivenöl

1. Die Tomaten waschen und den Stielansatz entfernen. Anschließend die Tomaten grob würfeln und in eine Schüssel geben. Die Zwiebel schälen und fein hacken. Die Jalapeñoschote entkernen und ebenfalls fein hacken. Den Knoblauch schälen und fein hacken. Die gehackte Zwiebel, Jalapeño und Knoblauch zu den Tomaten in die Schüssel geben. Den Limettensaft über die Zutaten in der Schüssel geben. Die Korianderblätter grob hacken und ebenfalls hinzufügen. Alles gut vermischen und mit Salz abschmecken.
2. Die Avocados halbieren und den Kern entfernen. Die Schnittflächen mit dem Olivenöl bepinseln und mit etwas Salz würzen. Die Avocados mit der Schnittfläche nach oben auf oberster Schiene für ca. 30 Sekunden anrösten.
3. Die Avocadohälften auf Teller legen und die Tomatensalsa daraufgeben.

CHICORÉE-SALAT

ZUBEREITUNGSZEIT:
10 MINUTEN VORBEREITUNG • 10 MINUTEN GRILLEN

ZUTATEN FÜR 4 PERSONEN:

- 1 EL Rotweinessig
- ½ TL Honig
- Saft und abgeriebene Schale von ¼ Orange
- 2 EL Olivenöl
- 2 Chicorée
- 30 g Parmesan, gehobelt

1. Rotweinessig, Honig, Orangenschale und -saft sowie das Olivenöl in einer Schüssel verrühren. Mit Salz und Pfeffer abschmecken und beiseitestellen.
2. Den Chicorée putzen und waschen. Den Salat in der Mitte durchschneiden und auf dem vorgeheizten Grill in der mittleren Schiene auf einem Rost goldbraun braten.
3. Danach den Salat auf einen Teller geben und mit dem Salatdressing beträufeln. Zum Servieren die Parmesanhobel darüberstreuen.

GRILLTOMATEN

ZUBEREITUNGSZEIT:
10 MINUTEN VORBEREITUNG • 10 MINUTEN GRILLEN

ZUTATEN FÜR 4 PERSONEN:

- 4 Tomaten
- 2 EL Olivenöl
- 1 Knoblauchzehe
- Salz und Pfeffer
- 1 TL getrockneter Thymian oder Oregano

1. Die Tomaten waschen, halbieren und den Strunk auf der Oberseite entfernen. Die Schnittflächen mit etwas Öl bestreichen und in einer Gastroschale auf der untersten Ebene des Grills für 10 Minuten grillen. Falls die Tomaten danach noch keine Farbe haben, nochmals 30 Sekunden auf der obersten Schiene grillen.
2. In der Zwischenzeit den Knoblauch schälen, hacken und mit dem restlichen Öl und Gewürzen vermischen.
3. Die Tomaten vom Grill nehmen und mit dem Öl bestreichen.

GURKEN IM SPECKMANTEL

ZUBEREITUNGSZEIT:
5 MINUTEN VORBEREITUNG • 5 MINUTEN ZUBEREITUNG

ZUTATEN FÜR 4-6 PERSONEN:

12 große eingelegte Gewürzgurken
12 Scheiben Bacon

1. Oberhitzegrill aufheizen.
2. Die Gewürzgurken mit einem Papiertuch trocken tupfen und mit je einer Scheibe Bacon einwickeln.
3. Gurken auf mittlerer Schiene rundherum knusprig anbraten, ab und zu drehen.

DATTELN IM SPECKMANTEL

ZUBEREITUNGSZEIT:
10 MINUTEN VORBEREITUNG • 10 MINUTEN ZUBEREITUNG

ZUTATEN FÜR 4 PERSONEN:

20 Datteln ohne Kerne
30 g Manchego, gerieben
10 Scheiben Bacon

1. Den Oberhitzegrill auf mittlere Hitze aufheizen.
2. Die Datteln längs aufschneiden und mit dem Käse füllen. Die Bacon-Streifen halbieren und je eine Hälfte um eine Dattel wickeln.
3. Die Datteln in eine Gastroschale geben und auf mittlerer Stufe unter Wenden knusprig grillen.

SPICY KNOBLAUCHBROT

ZUBEREITUNGSZEIT:
10 MINUTEN VORBEREITUNG • 5 MINUTEN ZUBEREITUNG

ZUTATEN FÜR 4-6 PERSONEN:

200 g Butter (zimmerwarm)
4 Knoblauchzehen
1–2 rote Chilischoten (je nach Schärfegrad)
1 EL frisch gepresster Zitronensaft
1 TL scharfes Paprikapulver
1 EL frische Petersilie, gehackt
Salz nach Geschmack
1 Baguette
50 g Parmesan

1. In einer Schüssel die Butter mit einer Gabel cremig rühren. Den Knoblauch schälen, mit den Chilischoten fein hacken und dazugeben. Danach den Zitronensaft, das Paprikapulver und die gehackte Petersilie hinzufügen und alles gut umrühren, bis alle Zutaten gut vermischt sind. Mit Salz abschmecken.
2. Den Oberhitzegrill auf niedriger Stufe vorheizen.
3. Das Baguette halbieren und in Stücke schneiden, sodass diese in den Grill passen.
4. Die Schnittflächen mit der Knoblauchbutter bestreichen und den Parmesan darauf verteilen.
5. Auf unterster Stufe grillen, bis das Baguette goldbraun geröstet ist.

ZIEGENKÄSETALER

ZUBEREITUNGSZEIT:
10 MINUTEN VORBEREITUNG • 2 MINUTEN ZUBEREITUNG

ZUTATEN FÜR 4 PERSONEN:

- 1 Rolle Ziegenkäse
- 1 TL getrockneter Thymian
- 8 Scheiben Serrano-Schinken
- 1 EL Honig

1. Den Oberhitzegrill auf hoher Stufe vorheizen. In der Zwischenzeit den Ziegenkäse in ca. 1 ½–2 cm dicke Scheiben schneiden. Auf die Scheiben etwas Thymian streuen und fest mit dem Schinken umwickeln.
2. Die Ziegenkäsetaler auf oberster Schiene für einige Sekunden von jeder Seite kurz angrillen, sodass der Schinken schön gebräunt.
3. Die Taler auf einen Teller legen und mit etwas Honig beträufeln.

GEGRILLTER MAIS

ZUBEREITUNGSZEIT:
15 MINUTEN VORBEREITUNG • 10 MINUTEN ZUBEREITUNG

ZUTATEN FÜR 4 PERSONEN:

4 Maiskolben

Für die Limettenbutter:

100 ml süßsaure Soße
90 ml Limettensaft
2 EL Srirachasoße
4 EL Butter, geschmolzen
Salz und Pfeffer

Für die Dekoration

2–3 EL Koriander, gehackt

1. Für die Limettenbutter alle Zutaten in einer Schüssel verrühren und mit Salz und Pfeffer abschmecken.
2. Den Grill auf mittlere Hitze vorheizen. Die Maiskolben auf mittlerer Schiene von allen Seiten anbräunen. Zwischendurch immer mal wieder herausnehmen und mit etwas Limettenbutter bestreichen.
3. Wenn der Mais weich ist, auf einen Teller legen und nochmals mit Butter bestreichen.
4. Vor dem Servieren den Mais mit etwas gehacktem Koriander bestreuen.

SPARGEL-SCHINKEN-RÖLLCHEN

ZUBEREITUNGSZEIT:
10 MINUTEN VORBEREITUNG • 5 MINUTEN ZUBEREITUNG

ZUTATEN FÜR 4–6 PERSONEN

500 g grüner Spargel
etwas Olivenöl
Salz und Pfeffer nach Geschmack
10–12 Scheiben Parmaschinken

1. Den grünen Spargel waschen und das untere Ende abschneiden, um die holzigen Teile zu entfernen. Den Spargel mit Olivenöl beträufeln und mit Salz und Pfeffer würzen. Jeweils 1 Scheibe Parmaschinken um 1 oder 2 Spargelstangen wickeln, je nach Dicke des Spargels.
2. Den Oberhitzegrill auf mittlere Hitze vorheizen und die Röllchen auf mittlerer Schiene rundherum knusprig angrillen. Die gegrillten Röllchen vom Grill nehmen und servieren.

HAUPTGERICHTE

T-BONE-STEAK

ZUBEREITUNGSZEIT:
5 MINUTEN VORBEREITUNG • 15 MINUTEN ZUBEREITUNG

ZUTATEN FÜR 2 PERSONEN:

1 T-Bone-Steak (600–700 g)
Salz

Hilfsmittel:

Fleischthermometer

1. Steak von beiden Seiten salzen und das Salz etwas einwirken lassen. Das Fleisch auf der untersten Schiene pro Seite 2–3 Minuten garen.
2. Danach das Steak direkt unter den Brenner schieben und von beiden Seiten jeweils ca. 1–2 Minuten knusprig garen.
3. T-Bone-Steak aus dem Beefer nehmen, in Alufolie einschlagen und in der Gastroschale auf dem Boden des Beefers zwischen 54 °C (medium rare) bis 59 °C (medium) ziehen lassen (mit einem Fleischthermometer prüfen).
4. Das Fleisch am Knochen abschneiden und tranchieren.

ASIA-HACKBÄLLCHEN

ZUBEREITUNGSZEIT:
15 MINUTEN VORBEREITUNG • 10 MINUTEN GRILLEN

ZUTATEN FÜR 4 PERSONEN:

- 500 g gemischtes Hackfleisch
- 1 Zwiebel, fein gehackt
- 2 Knoblauchzehen, fein gehackt
- 1 EL Sojasoße
- 1 EL Austernsoße
- 1 EL Sesamöl
- 1 EL frischer Ingwer, gerieben
- 2 EL Pankomehl
- 1 Ei
- 2 Frühlingszwiebeln, fein gehackt, plus etwas mehr zum Bestreuen
- 1 TL Chiliflocken (optional, je nach gewünschter Schärfe)
- Salz und Pfeffer nach Geschmack

Für die Soße:

- 3 EL Sojasoße
- 2 EL Reisessig
- 1 EL Honig
- 1 TL Sriracha
- 1 Knoblauchzehe, fein gehackt
- 1 TL Sesamöl

Hilfsmittel:

- 10–12 gewässerte Holzspieße

1. In einer großen Schüssel das Hackfleisch, die gehackte Zwiebel, den gehackten Knoblauch, Sojasoße, Austernsoße, Sesamöl, geriebenen Ingwer, Pankomehl, Ei, gehackte Frühlingszwiebeln, Chiliflocken (falls verwendet), Salz und Pfeffer vermischen und gut durchkneten.
2. Aus der Hackfleischmischung kleine Bällchen formen (tischtennisballgroß) und auf die Spieße stecken.
3. Den Oberhitzegrill vorheizen und die Spieße nacheinander für ca. 10 Minuten auf unterer Stufe angaren, zwischendurch drehen. Danach die Spieße auf der obersten Schiene knusprig angrillen und anschließend auf unterster Schiene nochmals 5 Minuten ruhen lassen.
4. In der Zwischenzeit die Zutaten für die Soße in einer kleinen Schüssel vermischen und beiseitestellen.
5. Die Hackfleischbällchen-Spieße mit der vorbereiteten Soße servieren und nach Belieben mit gehackten Frühlingszwiebeln garnieren.

THUNFISCHSTEAK

ZUBEREITUNGSZEIT:
5 MINUTEN VORBEREITUNG • MAX. 10 MINUTEN ZUBEREITUNG

ZUTATEN FÜR 2 PERSONEN:

- 2 EL Olivenöl
- Saft von ½ Zitrone
- Salz und Pfeffer nach Geschmack
- Gewürze (z. B. Paprikapulver, Knoblauchpulver oder Chiliflocken für zusätzlichen Geschmack) (optional)
- 2 Thunfischsteaks (ca. 2,5 cm dick)

1. Den Oberhitzegrill auf größter Stufe vorheizen. In einer kleinen Schüssel das Olivenöl, den Zitronensaft und die Gewürze vermischen.
2. Die Thunfischsteaks trocken tupfen und beide Seiten großzügig mit der Öl-Gewürz-Mischung einpinseln.
3. Die Steaks auf den Grillrost legen und für etwa 1 Minute pro Seite auf oberster Schiene im Grill angrillen. Danach die Thunfischsteaks auf unterster Stufe gar ziehen lassen (ca. 5 Minuten bei Kerntemperatur ca. 62 C°).

CHEESESTEAK-SANDWICH

ZUBEREITUNGSZEIT:
10 MINUTEN VORBEREITUNG • 10 MINUTEN ZUBEREITUNG

ZUTATEN FÜR 4 PERSONEN:

- 2 EL Butter
- 2 große Zwiebeln
- 2 grüne Paprikaschoten
- Salz und Pfeffer nach Geschmack
- 450 g Rumpsteak
- grobes Meersalz
- 4 Scheiben Provolone-Käse
- 4 Baguettebrötchen oder Sandwichbrötchen

1. Eine große Pfanne auf mittlerer Hitze erwärmen und die Butter schmelzen. Die Zwiebeln schälen, in dünne Streifen schneiden und in die Pfanne geben. Unter gelegentlichem Rühren ca. 5 Minuten anbraten, bis sie weich und leicht gebräunt sind.
2. Die Paprika ebenfalls in dünne Streifen schneiden, zu den Zwiebeln geben und weitere 5 Minuten braten, bis sie weich sind. Mit Salz und Pfeffer nach Geschmack würzen.
3. Den Grill aufheizen und in der Zwischenzeit das Rumpsteak mit dem Meersalz würzen. Wenn der Grill heiß ist, das Steak trocken tupfen und von beiden Seiten auf oberster Schiene ca. 50 Sekunden grillen, bis sich eine Kruste gebildet hat. Das Steak auf die unterste Schiene setzen und bei geringer Hitze auf den gewünschten Gargrad ziehen (zwischen 54—60 °C).
4. Das Steak in dünne Tranchen schneiden und in eine Gastroschale legen. Darauf die Zwiebeln und Paprika verteilen und mit dem Provolone belegen. Das Ganze nochmals kurz in den unteren Bereich des Grills schieben, damit der Käse verläuft.
5. In der Zeit die Brötchen aufschneiden und die überbackenen Steakstreifen darauf verteilen.

GYROS

ZUBEREITUNGSZEIT:
15 MINUTEN VORBEREITUNG • ÜBER NACHT MARINIEREN •
10 MINUTEN ZUBEREITUNG

ZUTATEN FÜR 4 PERSONEN:

- 2 EL Olivenöl
- 2 EL Zitronensaft
- 2 Knoblauchzehen, gehackt
- 1 TL Paprikapulver
- 1 TL Kreuzkümmel
- 1 TL getrockneter Oregano
- 1 TL getrockneter Thymian
- ½ TL Zwiebelpulver
- ½ TL Salz
- ¼ TL schwarzer Pfeffer
- 500 g Schweinenacken

1. In einer Schüssel das Olivenöl, den Zitronensaft, den gehackten Knoblauch und alle Gewürze gut vermischen.
2. Den Schweinenacken in dünne Streifen schneiden und in eine Schüssel geben. Die Gewürzmischung dazugeben und gründlich mit den Händen einarbeiten. Das Fleisch über Nacht im Kühlschrank marinieren lassen.
3. Am nächsten Tag den Oberhitzegrill auf mittlere Hitze vorheizen.
4. Das Fleisch in eine Gastroschale füllen und so lange grillen, bis es von allen Seiten kross angebraten ist. Zwischendurch immer mal wenden.
5. Zu dem Gyros passt gut Pita-Brot und Zaziki.

KLASSISCHER CHEESEBURGER

ZUBEREITUNGSZEIT:
15 MINUTEN VORBEREITUNG • 5 MINUTEN ZUBEREITUNG

ZUTATEN FÜR 2 PERSONEN:

2 Burger Buns
300 g Rinderhack
Salz und Pfeffer
etwas weiche Butter
4 Scheiben Cheddar
1 Handvoll Salatblätter

Für die Burgersoße:

4 EL Mayonnaise
2 EL Ketchup
1 EL Senf
1 EL Essiggurkenwasser (aus einem Glas mit Essiggurken)
1 TL Worcestersoße
1 TL Zitronensaft
Salz und Pfeffer

1. Alle Zutaten für die Burgersoße in eine Schüssel geben, gut durchrühren und mit Salz und Pfeffer abschmecken.
2. Das Rinderhack mit Salz und Pfeffer würzen und 2 gleich große Pattys daraus formen. Die Pattys sollten die Größe der Buns haben.
3. Die Buns aufschneiden und mit etwas Butter bestreichen.
4. Den Grill vorheizen und die Pattys auf der mittleren Schiene bei hoher Hitze für ca. 45–60 Sekunden von jeder Seite angrillen.
5. Die Pattys herausnehmen, mit je 2 Scheiben Käse belegen und auf die unterste Einschubhöhe schieben.
6. Die Burger Buns mit der Schnittfläche nach oben auf mittlerer Schiene kurz anrösten.
7. Auf die angerösteten Buns etwas von der Burgersoße geben, auf die Unterseite dann jeweils den Patty setzen. Einige Salatblätter darauflegen und mit dem Deckel abschließen.

LACHS-TATAKI

ZUBEREITUNGSZEIT:
40 MINUTEN VORBEREITUNG • 1 MINUTE ZUBEREITUNG

ZUTATEN FÜR 4 PERSONEN:

- 500 g Lachsfilet
- Saft von ½ Zitrone
- 2 TL gerösteter Sesam
- 1 TL Chiliflocken (optional)

Für die Marinade:

- 4 EL Sojasoße
- 2 EL Mirin (süßer Reiswein)
- 2 EL Sake (japanischer Reiswein)
- 1 EL Ingwer, gerieben
- 2 Knoblauchzehen, fein gehackt
- 1 TL Zucker
- 1 TL Sesamöl

1. Für die Marinade in einer Schüssel Sojasoße, Mirin, Sake, geriebenen Ingwer, gehackten Knoblauch, Zucker und Sesamöl vermischen.
2. Den Lachs in ca. 3 cm breite Tranchen schneiden und in die Tataki-Marinade legen. Den Fisch für mindestens 30 Minuten marinieren lassen. Danach den Fisch herausnehmen und überschüssige Marinade abtropfen lassen oder vorsichtig abtupfen.
3. Den Oberhitzegrill vorheizen und den Lachs auf oberster Schiene für maximal 30 Sekunden angrillen.
4. Lachs auf einen Teller geben und mit einem Spritzer Zitronensaft und geröstetem Sesam verfeinern. Wer es gerne etwas schärfer mag, kann noch Chiliflocken darüberstreuen.

CHOPPED CHEESEBURGER-SANDWICH

ZUBEREITUNGSZEIT:
10 MINUTEN VORBEREITUNG • 10 MINUTEN ZUBEREITUNG

ZUTATEN FÜR 4 PERSONEN:

450 g Rinderhack
Salz und Pfeffer
1 kleine Zwiebel
½ Kopf Eisbergsalat
6 Scheiben Cheddar
4 Baguettebrötchen

Für die Soße:

16 EL Mayonnaise
2 EL Gurken-Relish
1 EL Zwiebeln, gehackt
1 EL Weißweinessig
1 TL Zucker
1 TL Senf
1 TL geräuchertes Paprikapulver
1 TL Knoblauchpulver
1 TL Zwiebelpulver
Salz und Pfeffer nach Geschmack

1. Das Hackfleisch mit Salz und Pfeffer würzen. 3 Pattys formen (je 150 g schwer). Zwiebel schälen und den Salat waschen. Auf einem Schneidbrett die Zwiebel und den Salat in Streifen schneiden und auf dem Brett durchmischen.
2. Für die Soße alle Zutaten in eine Schüssel geben und alles gut durchrühren. Mit Salz und Pfeffer abschmecken.
3. Den Grill aufheizen und die Pattys auf mittler Schiene von jeder Seite ca. 46–60 Sekunden angrillen. Mit jeweils 2 Scheiben Käse belegen. Auf der untersten Schiene schmelzen lassen.
4. Die gegrillten Pattys auf den Salat und die Zwiebeln legen und grob mit einem scharfen Messer durchhacken. Die Soße darauf verteilen und nochmals durchhacken. Immer wieder etwas vermischen.
5. Die Baguettebrötchen aufschneiden (nicht ganz durch) und die Hackfleisch-Salat-Masse in die Brötchen geben.

KREOLISCHES GARNELENSANDWICH

ZUBEREITUNGSZEIT:
15 MINUTEN VORBEREITUNG • 5 MINUTEN ZUBEREITUNG

ZUTATEN FÜR 2 PERSONEN:

- 300 g frische geschälte Garnelen (Darm und Schwanz sollten entfernt sein)
- 2 Tomaten
- 2 Brötchen nach Wahl
- Eisbergsalat

Für die Remoulade:

- 60 ml Mayonnaise
- 1 TL Dijonsenf
- ½ TL süßsaure Soße
- 1 TL Sweet-Pickle-Relish
- ½ TL Knoblauchgranulat
- 1 TL Salz
- ½ TL schwarzer Pfeffer
- ½ TL Paprikapulver

Für die Würzmischung:

- 1 TL Paprikapulver
- 1 TL Salz
- 1 TL Knoblauchgranulat
- ½ TL schwarzer Pfeffer
- ½ TL Cayennepfeffer
- ½ TL getrockneter Oregano
- ½ TL getrockneter Thymian

1. Für die Remoulade die Mayonnaise mit dem Senf, der süßsauren Soße und dem Relish verrühren. Anschließend die Gewürze hinzugeben und gut verrühren.
2. Als Nächstes für die kreolische Gewürzmischung alle Bestandteile miteinander vermischen. Zu den Garnelen geben und vermengen. Die Tomaten in Scheiben schneiden. Brötchen aufschneiden, die Brötchenhälften mit der Remoulade bestreichen. Darauf dann Salat und Tomaten legen.
3. Den Oberhitzegrill aufheizen. Die Garnelen in eine Gastroschale geben und für 1 ½–2 Minuten pro Seite auf der untersten Schiene grillen. Die gegrillten Garnelen auf das Brötchen legen, mit etwas Remoulade toppen und den Deckel darauflegen.

FLAMMKUCHEN

ZUBEREITUNGSZEIT:
10 MINUTEN VORBEREITUNG • 5 MINUTEN ZUBEREITUNG

ZUTATEN FÜR
2-4 PERSONEN:

200 g Crème fraîche
Salz
Pfeffer, frisch gemahlen
1 Pck. TK-Flammkuchenteig
1 Zwiebel
100 g Schinkenspeck, gewürfelt

Hilfsmittel:
Pizzastein

1. Den Pizzastein auf unterster Schiene bei maximaler Hitze aufheizen.
2. Crème fraîche mit Salz und Pfeffer abschmecken. Den Teig so schneiden, dass er in den Oberhitzegrill passt (variiert nach Modell). Die Crème fraîche Mischung auf die Teigstücke streichen.
3. Zwiebel schälen und in dünne Ringe schneiden. Zusammen mit dem Schinkenspeck auf dem Teig verteilen.
4. Hitze am Grill herunterdrehen und den Flammkuchen auf dem Pizzastein ca. 5 Minuten grillen, bis er knusprig ist.

LAMMKOTELETTS

ZUBEREITUNGSZEIT:
10 MINUTEN VORBEREITUNG • 8 MINUTEN ZUBEREITUNG

ZUTATEN FÜR 4 PERSONEN:

- 4 Lammkoteletts
- Salz und Pfeffer nach Geschmack
- 2 EL Olivenöl
- 4 Knoblauchzehen, fein gehackt
- 2 Zweige frischer Rosmarin, Blätter abgezupft und gehackt

1. Den Oberhitzegrill auf hohe Hitze vorheizen. Die Lammkoteletts trocken tupfen und auf beiden Seiten großzügig mit Salz und Pfeffer würzen.
2. In einer Schüssel das Olivenöl, den gehackten Knoblauch und den gehackten Rosmarin verrühren. Die gewürzten Lammkoteletts in die Schüssel geben und gründlich mit der Knoblauch-Rosmarin-Mischung einreiben.
3. Die marinierten Lammkoteletts auf der oberen Schiene grillen. Je nach Dicke der Koteletts und gewünschtem Garzustand etwa 30–40 Sekunden pro Seite grillen.
4. Die Lammkoteletts auf der untersten Schiene für etwa 3 Minuten gar ziehen lassen (Für Gargrad medium beträgt die Kerntemperatur ca. 62 °C).

HÄHNCHEN MIT ERDNUSSSOSSE

ZUBEREITUNGSZEIT:
45 MINUTEN VORBEREITUNG • 12 MINUTEN ZUBEREITUNG

ZUTATEN FÜR 2-4 PERSONEN:

- 500 g Hähnchenbrust
- 2 Knoblauchzehen
- 2 EL Sojasoße
- 1 EL Limettensaft
- 1 TL Kreuzkümmel
- 1 TL Paprikapulver
- Salz und Pfeffer nach Geschmack

Für die Erdnusssoße:

- 100 g Erdnussbutter
- 2 EL Sojasoße
- 1 EL Honig
- 1 EL Limettensaft
- 1 TL Ingwer, gerieben
- 1 Knoblauchzehe, fein gehackt
- 60 ml warmes Wasser

Hilfsmittel:

gewässerte Holzspieße

1. Die Hähnchenbrust in mundgerechte Stücke schneiden. Die Knoblauchzehen schälen und fein hacken.
2. In einer Schüssel den gehackten Knoblauch, Sojasoße, Limettensaft, Kreuzkümmel, Paprikapulver, Salz und Pfeffer vermischen. Die Hähnchenstücke in die Marinade geben und gut vermengen. Für mindestens 30 Minuten im Kühlschrank marinieren lassen.
3. In der Zwischenzeit den Oberhitzegrill auf hohe Hitze vorheizen.
4. Die Hähnchenstücke gleichmäßig auf die Holzspieße stecken. Die Spieße auf die mittelste Stufe schieben und für etwa 2–3 Minuten pro Seite grillen, bis das Hähnchen durchgegart und leicht gebräunt ist. Zwischendurch immer mal drehen.
5. Für die Erdnusssoße alle Zutaten miteinander vermischen. Gut umrühren, damit eine glatte Soße entsteht.
6. Die fertig gegrillten Hähnchenspieße zusammen mit der Erdnusssoße servieren.

FLANKSTEAK

ZUBEREITUNGSZEIT:
40 MINUTEN VORBEREITUNG • 10 MINUTEN ZUBEREITUNG

ZUTATEN FÜR 4 PERSONEN:

- 3 Knoblauchzehen, gehackt
- Saft und Schale von einer ½ Zitrone
- 2 EL Sojasoße
- 2 EL Olivenöl
- ½ TL Kreuzkümmel
- 1 TL Paprikapulver
- 1 TL brauner Zucker
- Salz und Pfeffer nach Geschmack
- 1 Flanksteak (ca. 500 g)

1. In einer Schüssel den gehackten Knoblauch, Zitronensaft und -schale, Sojasoße, Olivenöl, Kreuzkümmel, Paprikapulver, braunen Zucker, Salz und Pfeffer vermischen. Die Marinade gut umrühren, bis sich alle Zutaten gut miteinander vermischt haben.
2. Das Flanksteak in die Schüssel mit der Marinade legen und mindestens 30 Minuten darin ziehen lassen.
3. Den Oberhitzegrill auf hoher Hitze vorheizen.
4. Das Flanksteak aus der Marinade nehmen und überschüssige Marinade abtropfen lassen. Das Steak auf oberster Schiene für 30–45 Sekunden von beiden Seiten kross angrillen.
5. Dann das Steak bis zu einer Kerntemperatur von ca. 54 °C auf kleinster Hitze im untersten Bereich ziehen lassen.
6. Steak aus dem Grill nehmen und noch einige Minuten ruhen lassen. Anschließend gegen die Faser in dünne Tranchen schneiden.

PIZZA

ZUBEREITUNGSZEIT:
10 MINUTEN VORBEREITUNG • 10 MINUTEN ZUBEREITUNG

ZUTATEN FÜR 4 PERSONEN:

1 Pck. TK-Pizzateig
10 Cherrytomaten
100 g Büffelmozzarella
1 Handvoll frische Basilikumblätter

Für die Pizzasoße:

200 g passierte Tomaten
1 Knoblauchzehe, gehackt
1 EL Olivenöl
1 TL getrocknete italienische Kräuter (z. B. Oregano, Basilikum, Thymian)
Salz und Pfeffer nach Geschmack

Hilfsmittel:

Pizzastein

1. Den Pizzastein auf unterster Schiene bei maximaler Hitze aufheizen. Den Teig in die passende Größe schneiden, sodass die Pizzen in den Oberhitzegrill passen.
2. Die Zutaten für die Soße in einer Schüssel verrühren, mit Salz und Pfeffer abschmecken und auf den Pizzateig streichen.
3. Die Cherrytomaten halbieren und auf die Pizzen geben. Den Mozzarella in Stücke reißen und darauf verteilen.
4. Die Pizzen dann für ca. 1 Minute auf dem Pizzastein grillen. Zum Schluss Basilikum daraufstreuen.

GEMÜSESPIESSE

ZUBEREITUNGSZEIT:
25 MINUTEN VORBEREITUNG • 10 MINUTEN ZUBEREITUNG

ZUTATEN FÜR 4 PERSONEN:

1 Pck. fester Tofu
1 Zucchini
2 Paprikaschoten
1 rote Zwiebel
100 ml Barbecuesoße

Für die Marinade:

4 EL Olivenöl
1 TL Kreuzkümmel
1 TL rosenscharfes Paprikapulver
½ TL geräuchertes Paprikapulver
½ TL Knoblauchpulver
1 TL Salz
½ TL Pfeffer

Hilfsmittel:

gewässerte Holzspieße

1. Den Tofu trocken tupfen und für 10–15 Minuten eine schwere Pfanne darauf platzieren, damit noch etwas mehr Flüssigkeit herausgepresst wird.
2. Alle Zutaten für die Marinade in eine Schüssel geben und durchrühren.
3. Den Tofu in ca. 3 cm große Würfel schneiden und zur Marinade geben. Zucchini und Paprikaschoten waschen, Zwiebel schälen. Alles ebenfalls in 3 cm große Würfel schneiden und zur Marinade geben.
4. Den Oberhitzegrill auf mittlere Hitze vorheizen. In der Zwischenzeit die Tofu- und Gemüsestücke abwechselnd auf die Spieße stecken.
5. Die Spieße auf mittlerer Schiene von allen Seiten grillen. Kurz bevor sie fertig sind, von allen Seiten mit Barbecuesoße einpinseln und kurz weitergrillen.

HÄHNCHEN-WRAP

ZUBEREITUNGSZEIT:
15 MINUTEN VORBEREITUNG • 5 MINUTEN ZUBEREITUNG

ZUTATEN FÜR 2 PERSONEN:

1 kleine Möhre
¼ Gurke
½ Paprikaschote
2 EL Olivenöl
1 EL Limettensaft
Salz und Pfeffer
1 Hähnchenbrustfilet
2 Weizen-Tortillas
2 EL Crème fraîche
4–6 Salatblätter

1. Oberhitzegrill vorheizen. Möhre, Gurke und Paprika in feine Streifen schneiden und in eine Schüssel geben. Das Olivenöl und den Limettensaft dazugeben und durchmischen. Mit Salz und Pfeffer abschmecken.
2. Das Hähnchenbrustfilet mit Salz und Pfeffer würzen und etwas flach klopfen, damit es gleichmäßig dick ist. Von jeder Seite ca. 1 Minute auf mittler Höhe angrillen und auf der untersten Stufe gar ziehen lassen.
3. Danach die Hähnchenbrust in dünne Tranchen schneiden, zu dem Gemüse in die Schüssel geben und kurz mischen.
4. Die Tortillas kurz erwärmen (in der Mikrowelle oder im Backofen). Auf die Tortilla 1 EL Crème fraîche streichen und 2–3 Salatblätter darauflegen. Auf den Salat die Hälfte der Hähnchenmischung geben und etwas von der Flüssigkeit in der Schüssel darüberträufeln.
5. Die Tortilla jeweils oben und unten etwas zusammenklappen und dann von der Seite her zusammenrollen.

DESSERTS

CRÈME BRULÉE

ZUBEREITUNGSZEIT:
3 STUNDEN VORBEREITUNG • 5 MINUTEN ZUBEREITUNG

ZUTATEN FÜR 6 PERSONEN:

- 250 ml Sahne
- 200 ml Milch
- 1 Vanilleschote
- 50 g Zucker
- 5 Eigelb
- 6 EL Zucker zum Bestreuen

Hilfsmittel:

6 feuerfeste Förmchen

1. Sahne und Milch in einen Topf geben. Die Vanilleschote halbieren, das Mark auskratzen und mit der Schote zur Sahne-Milch-Mischung geben. Den Zucker unterrühren und das Ganze ca. 10 Minuten bei schwacher Hitze ziehen lassen. Danach die Schote aus der Flüssigkeit nehmen und etwas kalt werden lassen. Jetzt die 5 Eigelb unterrühren.
2. Die Ei-Milch-Mischung in 6 ofenfeste Förmchen füllen. Die Flüssigkeit sollte nicht höher als 4 cm stehen. Die Förmchen auf ein tiefes Backblech stellen und in das Backblech heißes Wasser gießen (ungefähr bis zum unteren Drittel des Förmchens). Die Creme Brûlée ca. 40 Minuten bei 150 °C backen, bis die Oberfläche etwas braun wird und Blasen wirft. Für mindestens 2 Stunden kalt stellen.
3. Den Oberhitzegrill vorheizen. Jeweils 1 EL Zucker pro Förmchen auf der Oberfläche verteilen. Die Förmchen auf der untersten Höhe platzieren und den Zucker karamellisieren lassen. Achtung: Den Zucker nicht schwarz werden lassen, sonst schmeckt er bitter.

GEGRILLTE ANANAS MIT VANILLEEIS

ZUBEREITUNGSZEIT:
15 MINUTEN VORBEREITUNG • 6 MINUTEN ZUBEREITUNG

ZUTATEN FÜR 4–6 PERSONEN:

- 1 reife Ananas
- 2 EL brauner Zucker
- 1 TL Zimt
- Saft von ½ Limette
- Vanilleeis

1. Den Oberhitzegrill auf hohe Hitze vorheizen. Die Ananas schälen und den harten Kern entfernen. Anschließend die Ananas in etwa 1–2 cm dicke Scheiben schneiden.
2. In einer Schüssel den braunen Zucker, Zimt und Limettensaft vermischen. Die Ananasscheiben auf beiden Seiten großzügig mit der Zucker-Zimt-Mischung bestreichen.
3. Die Ananasscheiben auf dem Grillrost in der mittleren Schiene für etwa 2–3 Minuten pro Seite grillen, bis sie leicht karamellisiert sind.
4. Die gegrillten Ananasscheiben vom Grill nehmen und nach Belieben mit Vanilleeis servieren.

BESCHWIPSTE PFIRSICHE

ZUBEREITUNGSZEIT:
10 MINUTEN VORBEREITUNG • 10 MINUTEN ZUBEREITUNG

ZUTATEN FÜR 4 PERSONEN:

- 4 reife Pfirsiche
- 2 EL Rum
- 2 EL Amarettini
- 2 EL brauner Zucker
- Vanilleeis (optional)
- frische Minzblätter zur Garnierung (optional)

1. Den Oberhitzegrill vorheizen und auf mittlere Hitze einstellen. Die Pfirsiche halbieren und den Kern entfernen. Auf die Schnittflächen den Rum geben und die Pfirsiche auf der untersten Stufe für 2–3 Minuten angaren.
2. In der Zeit die Amarettini zerstoßen und mit dem Zucker vermischen. Die Mischung auf die Pfirsiche verteilen und auf der mittleren Einschubhöhe karamellisieren lassen.
3. Die Pfirsiche vom Grill nehmen und auf einer Servierplatte anrichten.
4. Optional zu den gegrillten Pfirsichen eine Kugel Vanilleeis und zur Garnierung Minzblätter dazugeben.

SÜSSER FLAMMKUCHEN

ZUBEREITUNGSZEIT:
15 MINUTEN VORBEREITUNG • 15 MINUTEN ZUBEREITUNG

ZUTATEN FÜR 2-4 PERSONEN:

150 g Mascarpone
4 EL Zucker
1 Pck. Vanillezucker
1 EL Milch
1 Pck. TK-Flammkuchenteig
100 g Nussnougatcreme
1 Banane

Hilfsmittel:

Pizzastein

1. Den Pizzastein auf unterster Schiene bei maximaler Hitze aufheizen.
2. Den Mascarpone mit Zucker, Vanillezucker und Milch glatt rühren. Flammkuchenteig ausrollen, in die passenden Größen für den Oberhitzegrill schneiden und mit der Mascarponemasse bestreichen. Die Nussnougatcreme in Streifen darübergeben. Banane schälen, in Scheiben schneiden und auf dem Flammkuchen verteilen.
3. Hitze am Grill herunterdrehen und den Flammkuchen auf dem Pizzastein ca. 5 Minuten grillen.

SCHOKOLADENKEKS-S'MORES

ZUBEREITUNGSZEIT:
5 MINUTEN VORBEREITUNG • 5 MINUTEN ZUBEREITUNG

ZUTATEN FÜR 8 STÜCK:

8 Marshmallows
16 Schokoladenkekse
4 EL gehackte Mandeln

Hilfsmittel:

Holzspieß

1. Den Oberhitzegrill vorheizen. Die Marshmallows auf Spieße stecken und unter den Grill halten. Die Marshmallows rundum schön bräunen, bis sie leicht geschmolzen sind.
2. Jeweils einen Marshmallow auf einen Keks legen. Mit gehackten Mandeln betreuen und einen zweiten Keks als Deckel daraufdrücken.

APFEL-CRISP

ZUBEREITUNGSZEIT:
10 MINUTEN VORBEREITUNG • 15 MINUTEN ZUBEREITUNG

ZUTATEN FÜR 4 PERSONEN:

- 2 Äpfel (Granny Smith oder Braeburn)
- 50 g Haferflocken
- 35 g Mehl
- 35 g brauner Zucker
- ½ TL Zimt
- 1 Prise Salz
- 40 g kalte Butter, in kleine Stücke geschnitten
- Vanilleeis (optional)

1. Den Oberhitzegrill auf niedrige Hitze vorheizen. Die Äpfel schälen, entkernen und in dünne Scheiben schneiden. Die Apfelscheiben gleichmäßig in der Gastroschüssel verteilen.
2. In einer Schüssel Haferflocken, Mehl, braunen Zucker, Zimt und Salz vermischen. Die kalten Butterstücke hinzufügen und mit der Hand verkneten, bis die Mischung krümelig wird. Die Streuselmasse auf den Apfelscheiben verteilen.
3. Die Schale in den untersten Bereich schieben. Die Äpfel weich und die Streusel knusprig grillen (in 10–15 Minuten).
4. Den Apfel-Crisp nach Belieben warm mit einer Kugel Vanilleeis servieren.

GEGRILLTE WASSERMELONE

ZUBEREITUNGSZEIT:
10 MINUTEN VORBEREITUNG • 2 MINUTEN ZUBEREITUNG

ZUTATEN FÜR 4 PERSONEN

50 g Pistazien ohne Schale
1 Wassermelone
20 g brauner Zucker

1. Den Oberhitzegrill auf hohe Hitze aufheizen. Die Pistazien grob hacken.
2. Die Wassermelone in ca. 2 cm dicke Scheiben schneiden und mit dem Zucker bestreuen.
3. Die Wassermelonenstücke auf oberster Schiene von beiden Seiten ca. 30–45 Sekunden angrillen.
4. Auf einem Teller anrichten und mit den gehackten Pistazien bestreuen.

Bibliografische Information der Deutschen Nationalbibliothek
Die Deutsche Nationalbibliothek verzeichnet diese Publikation in der Deutschen Nationalbibliografie. Detaillierte bibliografische Daten sind im Internet über https://dnb.de abrufbar.

Für Fragen und Anregungen
info@m-vg.de

Originalausgabe
1. Auflage 2024

Türkenstraße 89
80799 München
Tel.: 089 651285-0
Fax: 089 652096

Redaktion: Ulrike Reinen
Umschlaggestaltung: Sonja Vallant
Umschlagabbildung und Abbildungen Innenteil: Michael Gerhardy
Satz: inpunkt[w]o, Wilnsdorf (www.inpunktwo.de)
Druck: Florjancic Tisk d.o.o., Slowenien
Printed in the EU

ISBN Print 978-3-7423-2433-7
ISBN E-Book (PDF) 978-3-7453-2197-5
ISBN E-Book (EPUB, Mobi) 978-3-7453-2198-2

Wir produzieren nachhaltig
www.m-vg.de

Weitere Informationen zum Verlag finden Sie unter
www.rivaverlag.de
Beachten Sie auch unsere weiteren Verlage unter www.m-vg.de